AF554727

RAPPORT

SUR

LE MOUVEMENT DES CERCLES D'ÉTUDES

EN 1903

PRÉSENTÉ

Par Louis MEYER

du Sillon

PARIS

IMPRIMERIE F. LEVÉ

RUE CASSETTE, 17

—

1904

RAPPORT

SUR

LE MOUVEMENT DES CERCLES D'ÉTUDES

MES CHERS CAMARADES,

Tous ceux qui ont assisté au congrès national de Tours, se souviennent encore de ces deux belles journées d'enthousiasme, d'étude et de conquête.

La consécration des nouvelles méthodes d'apostolat par les autorités religieuses, le succès des tentatives de pénétration dans les milieux anticléricaux avaient provoqué des sympathies et éveillé la curiosité. Le congrès de Tours devait donc nécessairement attirer l'attention des amis et des adversaires; l'impression qu'il produisit sur le public fut profonde; à vrai dire, c'est à partir de ce moment, que le mouvement d'éducation populaire ne fut plus regardé seulement comme une initiative intéressante, mais comme une force avec laquelle il faudrait compter un jour.

Cette constatation déplut dans certains milieux. Ces énergies qui se dirigeaient vers des voies nouvelles, ne laissèrent pas que d'inquiéter les partisans des anciennes méthodes de défense, résignés cependant, à la pensée que ce mouvement jeune et sans organisation, pouvait être facilement absorbé, tout au moins canalisé.

Il n'en a rien été, fort heureusement. Vous vous êtes rendu compte de cette faiblesse, mes chers camarades, et il nous parait juste de dire que votre préoccupation constante, au cours de cette année, aura été d'organiser et de discipliner les forces dont vous disposez.

C'est du moins ce que nous avons constaté en écrivant ce rapport.

Qu'il nous soit permis, avant de rendre compte des efforts accomplis par nos amis, d'indiquer sommairement la division de notre travail. Nous avons cru préférable de donner par région des vues d'ensemble, bien plutôt que des détails sur le fonctionnement et la vie de chacun des cercles d'études en particulier. Les revues locales, les *Sillons* de province, les congrès régionaux sont plus désignés pour étudier cette question. Mais il nous a paru utile de préciser les méthodes de travail, l'apostolat social des cercles d'études et l'esprit qui doit les animer.

Nous avons été sollicités à insister sur ces différentes questions par un grand nombre d'amis, qui estiment, qu'en face des organisations patriotiques et de défense religieuse, le mouvement d'éducation populaire doit garder son originalité propre et accentuer son caractère à la fois catholique et démocratique.

Il nous sera donc permis d'espérer que vous ne nous en voudrez pas trop de n'avoir point écrit l'histoire de chacun des groupements représentés, — ce qui, entre parenthèses, aurait nécessité la prolongation de la durée du congrès, — que vous nous saurez gré, au contraire, d'avoir utilisé les documents pour signaler les lacunes de telle organisation et indiquer les faits les plus caractéristiques.

Région de l'Ouest.

Nous commencerons notre tour de France par la Bretagne.

Il se cache dans cette âme bretonne tant de foi et de bravoure qu'on est toujours tenté, au milieu du désarroi morale de la patrie, de porter ses regards vers cette région encore toute pénétrée des souvenirs du passé, assez puissante et généreuse cependant, pour marcher à l'avant-garde du mouvement démocratique.

Nous voudrions pouvoir lire, tout entier, le rapport de notre camarade Perrot, mais les quelques extraits que nous citons justifieront assez les espérances que nous fondons sur la Bretagne :

« Au premier rang des cercles d'études de *Brest*, il faut placer le cercle Saint-Louis (jeunes) qui compte à lui seul 110 membres, dont 45 actifs (c'est-à-dire qui ont présenté des rapports) et 65 aspirants, en grande partie jeunes apprentis et ouvriers de l'arsenal.

« Indépendamment des réunions de ce grand cercle, une vingtaine des plus militants se réunissent une fois par semaine pour s'occuper de la propagande à faire dans les ateliers.

« Sept autres cercles existent à Brest, ils se réunissent avec ceux de la banlieue en des congrès semblables à ceux de Paris, dans lesquels ils rendent compte des travaux accomplis ; une conférence clôture ces réunions.

« Très prochainement, nos camarades espèrent organiser des congrès départementaux qui permettront d'atteindre les cercles éloignés et de se concerter avec eux en vue de la propagande. »

Grâce à cette organisation, chaque commune de quelque importance possédera bientôt son cercle d'études.

En outre, trois coopératives, six syndicats et trois mutualités scolaires et d'adultes, groupant à l'heure actuelle 2.200 membres, ont été créés par nos camarades.

« Les jeunes gens apportent leur concours aux syndiqués (déchargeurs du port de commerce, démolisseurs de navire, ouvriers boulangers, charbonniers, garçons de magasin et ouvriers en régie du port); plusieurs leur servent de conseillers, de secrétaires officieux et de conférenciers. »

Nous voudrions pouvoir donner des renseignements sur les cercles d'études des *Côtes-du-Nord* et de l'*Ille-et-Vilaine*, qui sont très nombreux et très florissants; mais nos camarades ont négligé de nous adresser des rapports, et nous sommes réduits à mentionner ici quelques souvenirs: notamment les conférences publiques de Morlaix, la campagne dans les cabarets en faveur des mutualités et la création de maisons ouvrières à bon marché, entrepris par les groupes de Rennes.

La conférence Léon XIII de *Nantes* a donné naissance à plusieurs cercles d'études qui s'occupent de secrétariat du peuple, de jardins ouvriers, et organisent en outre des réunions publiques et privées à la campagne. De cet effort sont nés des cercles ruraux. Les études agricoles qui y sont faites ont abouti à la création d'œuvres sociales.

A *Angers* les groupes possèdent un I. P. très florissant, sans local fixe, un I. P., ambulant qui étend son action dans la banlieue et provoque la fondation de nombreux cercles d'études.

La *Vienne*, sous l'impulsion de nos amis de *Poitiers*, voit se développer avec rapidité le mouvement d'éducation populaire. Le congrès départemental auquel nous assistions, il y a quelques semaines, nous a montré la vitalité de tous ses groupements démocratiques, que viennent compléter des œuvres économiques telles que boulangerie, épicerie, minoterie, coopératives. Une revue, *Au Large*, organe du *Sillon du Poitou*, rend compte de ces efforts, en même temps qu'elle les coordonne.

Avant de quitter la région de l'Ouest, il me paraît utile de vous entretenir quelques instants du congrès régional qui eut lieu à Brest en avril 1903 et auquel trente-huit cercles d'études avaient envoyé des représentants.

On connaît le but de ces congrès régionaux : faciliter les relations si utiles entre les cercles, établir entre ces foyers de vie sociale une union profonde, permettre aux valeurs de se faire connaître et de se grouper, développer les œuvres de prévoyance et favoriser l'organisation professionnelle.

Le congrès de Bretagne confirma la nécessité de ces réunions. Près de deux mille personnes assistèrent aux séances du congrès, au cours desquelles nos camarades précisèrent l'esprit du *Sillon*, affirmèrent leur volonté de poursuivre non seulement un but de défense sociale, mais aussi de conquête sociale, de s'occuper activement de l'organisation professionnelle en évitant de diviser les forces ouvrières, d'être eux-mêmes les propres artisans du relèvement social de la classe ouvrière en abandonnant aux œuvres de propagande démocratique une part du boni que leurs coopératives distribuent à leurs membres.

L'importance de ces résolutions extraites des vœux votés par nos amis de Bretagne n'échappera à personne.

Les résultats de ces journées enthousiastes ne se sont pas fait attendre, et notre camarade Perrot nous affirme dans son rapport que la vitalité des groupes est due à ce congrès régional.

Région du Nord-Ouest.

La région du Nord-Ouest se signale aussi par son activité. Dans la *Seine-Inférieure*, les catholiques rouennais jouent un grand rôle, depuis que les Philippins se sont imaginé de prendre la tête du mouvement social ; nous avons été à même de constater leur influence au congrès qui eut lieu en octobre dernier.

On néglige bien un peu l'étude et l'on se cantonne de préférence dans l'action, mais les conquêtes sont nombreuses. Nos amis ont pu réunir plus de trois mille personnes à la conférence de notre ami Marc Sangnier.

La banlieue rouennaise n'est pas encore parvenue à ce degré de civilisation, et nos camarades de Darnétal l'ont expérimenté lors de la conférence publique et contradictoire qu'ils organisèrent. Il y eut ce soir-là quelques blessés : les libres penseurs avaient eu l'idée de convaincre les jeunes catholiques à coups de tesson de bouteilles.

Des syndicats d'employés donnent d'excellents résultats et les membres des cercles d'études sont très désireux d'orienter leurs efforts vers les œuvres économiques ; malheureusement la lutte contre l'alcoolisme, ce fléau qui cause tant de ravages dans la région normande, absorbe leurs efforts.

La *Sarthe* assiste aussi, à un merveilleux réveil des énergies catholiques. De toutes parts, on signale la naissance de groupements d'études. Il y a trois semaines, le *Sillon du Maine* réunissait en un congrès toutes ces bonnes volontés, et il ne nous est plus permis de douter du succès des efforts de nos camarades.

On a tenté la création de cercles d'études non confessionnels, où les adversaires sont admis à ces réunions et prennent part à la discussion. Cette expérience mérite d'autant plus d'être signalée qu'elle a donné d'excellents résultats.

Région du Nord.

Cinquante-huit cercles d'études ont été organisés à Paris sous l'impulsion du *Sillon ;* ces cercles sont groupés en neuf zones, ayant à leur tête un petit comité composé d'un délégué par groupe. Ce comité est plus spécialement chargé de l'organisation des réunions, assemblées régionales, controverses avec les adversaires, etc.

Cette organisation, toute nouvelle, semble augmenter la vitalité des groupements parisiens.

Tous les six mois, les cercles d'études se réunissent en un congrès auquel sont convoqués les cercles de province qui peuvent envoyer des délégués. Le mois dernier avait lieu au *Sillon* le premier de ces congrès. Cent cinquante délégués y assistaient. Son Eminence le Cardinal Richard voulut bien prononcer une allocution à l'église Saint-Thomas-d'Aquin, après la messe des congressistes.

L'activité de nos camarades de Paris s'est surtout portée vers l'organisation de réunions publiques. Cette entreprise n'a pas été sans offrir quelques dangers. Grâce à la « Jeune Garde » et à la puissance de rayonnement des cercles qui peuvent facilement mobiliser, en quelques heures, plus de trois mille personnes, les réunions publiques du *Sillon* se sont toujours tenues dans le plus grand calme et ont été pour nos amis de merveilleux instruments de propagande. Vous vous souvenez tous de la réunion des Mille-Colonnes, du meeting de protestation contre l'expulsion de l'abbé Delsor, de la discussion avec M. Buisson à l'Alcazar d'Italie.

Les cercles d'études sont encore les propagandistes des Instituts Populaires ; plusieurs d'entre eux ont pénétré dans les milieux anticléricaux.

A Plaisance, quelques-uns de nos amis invitent chaque semaine des anarchistes à venir discuter avec eux ; d'autres s'occupent activement de la propagande syndicale, soit à la Bourse du travail, soit au Syndicat des employés, d'autres encore ont fondé des coopératives. Enfin le *Sillon* organise des promenades artistiques qui réunissent entre quatre à cinq cents promeneurs.

Dans la *Somme* les cercles d'études sont nombreux, mais « l'absence d'organisation les empêche de donner les résultats qu'on est en droit d'attendre d'eux, les ressources manquent et la charité privée gaspille l'argent, cependant que les adversaires multiplient leur propagande ».

« Le mouvement anticlérical est très prononcé, il se développe par les œuvres postscolaires, surtout par les *Amicales* d'anciens élèves des écoles communales. Sous-préfet, inspecteur primaire, instituteurs, fonctionnaires de tous genres entretiennent ce mouvement qui étouffe le nôtre, sans appui, sans influence et sans ressource. » N'est-ce pas qu'elle est lamentable cette situation dépeinte si éloquemment par notre correspondant ?... et cependant les bonnes volontés ne manquent pas, nous l'avons constaté au congrès de Corbie.

Ce manque d'organisation qui paralyse les efforts de nos camarades ne les a point arrêtés cependant. A *Amiens* et à *Corbie* les jardins ouvriers, mutualités, syndicats, sociétés de tempérance, coopératives groupent un grand nombre d'ouvriers. En été, les membres du cercle Saint-Jacques d'Amiens visitent les villages environnants et font de la propagande en faveur des caisses rurales.

Dans l'*Aisne*, le mouvement d'éducation populaire a donné naissance à de nombreuses œuvres sociales.

A *Soissons*, en janvier dernier, nos amis inauguraient des cours professionnels ; à *Buironfosse*, on s'occupe de la création des jardins ouvriers ; prochainement le *Sillon de l'Aisne* réunira toutes ces bonnes volontés.

Dans le Nord, à *Roubaix*, les cercles d'études se sont multipliés depuis le congrès de février 1903, ils sont au nombre de dix-huit, groupés autour d'une revue, *l'Effort*.

Parmi les œuvres sociales directement issues de leur initiative, une des plus importantes est l'Institut populaire de l'Epeule qui réunit tous les dimanches huit cents auditeurs. Des cours d'anglais, d'allemand, de comptabilité y sont donnés.

L'œuvre des jardins ouvriers a rencontré, elle aussi, des bonnes volontés ; à l'heure actuelle Roubaix compte 27 jardins dont 22 sont occupés ; un syndicat professionnel d'employés, une bibliothèque populaire, des sociétés dramatique, symphonique, chorale, un secrétariat du peuple complètent cette organisation à laquelle viendront s'ajouter bientôt une mutualité et une coopérative.

La méthode de travail est à signaler. La fédération de Roubaix a adopté pour ses cercles un programme commun qui est étudié pendant les trois mois qui précèdent le congrès trimestriel.

A noter encore une initiative intéressante provenant d'un cercle de Roubaix qui consiste à donner un prix au camarade dont les résumés de conférences sont les mieux faits.

Enfin je m'en voudrais de ne point citer les merveilleux résultats auxquels sont arrivés nos amis de *Clary*, petit canton de 2.500 habitants.

« Le cercle d'études, de concert avec la majorité ouvrière socialiste du Conseil municipal, a créé une mutualité reconnue. La Commission de cette société se compose de deux adjoints au maire et de membres du cercle.

« La manière d'agir de nos camarades et leur attitude ont été appréciées, les ouvriers de la commune suivant l'évolution de leurs chefs, sont à tout jamais tirés de l'ornière socialiste.

« C'est une véritable organisation de démocratie chrétienne. Un vaste syndicat de tisserands à la main est en voie d'organisation, toutes les communes environnantes posséderont des sections de ce syndicat. »

Dans l'Est.

Le congrès régional de Belfort, organisé par le *Sillon*, aura été le signal d'un mouvement très profond et très sérieux dans l'Est en faveur de l'éducation populaire.

Vingt-cinq cercles étaient représentés et cent trente-deux localités possédant des patronages avaient envoyé de nombreuses délégations; il faut croire que nos camarades sont revenus très enthousiastes puisque aujourd'hui toutes ces localités sont pourvues des cercles d'études.

Grâce à l'activité de nos amis, la région de l'Est possède une organisation qui se complète chaque jour. Les groupes sont réunis autour du *Sillon de l'Est*, et vont posséder bientôt une revue régionale.

Il y a quelques mois, de grandes réunions publiques furent organisées dans le Doubs, et très rapidement le mouvement du *Sillon* rencontrait des sympathies et des bonnes volontés.

Des jeunes gardes existent dans de nombreuses villes de l'Est.

Les œuvres sociales attirent également nos camarades de *Besançon;* on étudie l'organisation d'une coopérative de consommation. A *Belfort*, les membres du cercle font partie d'une coopérative des employés de chemins de fer; l'un d'entre eux est gérant de la coopérative; enfin les syndicats et mutualités fournissent à nos camarades l'occasion d'exercer leur apostolat social.

Le cercle de *Pontarlier* organise des conférences contradictoires dans la région, et les instituteurs viennent discuter avec eux. Dans la Côte-d'Or, à *Beaune*, fonctionne une caisse rurale organisée par nos camarades.

Le Congrès de *Migennes-Laroche* a montré l'activité conquérante des cercles de l'Yonne. On n'ignore pas le travail des loges maçonniques dans ce département. La propagande entreprise nous fait espérer que ce pays sera bientôt délivré du joug des francs-maçons qui pèse si lourdement sur la démocratie bourguignonne.

A *Chichery*, on se propose d'organiser un syndicat agricole, une caisse d'assurance sur la mortalité du bétail; à *Migennes*, un syndicat agricole fonctionnera, dans quelques semaines, ainsi qu'une mutualité à *Béon*.

Les conférences contradictoires avec le citoyen Hervé ont été, pour nos amis, l'occasion de faire applaudir les idées de patriotisme.

Nord-Est.

Le *Sillon Spinalien* réunit tous les cercles d'études nés à la suite du congrès de Belfort. On prépare le congrès de l'Est qui doit se tenir à la Pentecôte ; ce qui n'empêche pas nos camarades de s'occuper d'œuvres sociales. C'est ainsi qu'à Épinal on organise une Société de retraites pour les vieux ouvriers ; qu'à Thaon-les-Vosges, une mutualité compte déjà cinq cents adhérents.

Les cercles de Nancy ont organisé, dans la banlieue, une série de réunions publiques auxquelles les adversaires sont venus très nombreux ; elles se sont toujours terminées par des ordres du jour en faveur de nos idées, adoptées avec enthousiasme.

Dans les Ardennes nous assistons à une organisation très florissante d'œuvres économiques.

Notre correspondant d'Araux-le-Château nous écrit :

« Notre cercle d'études s'est fondé avec notre première association (syndicat agricole) en 1900. Nous nous sommes occupés uniquement des associations que nous avions l'intention d'établir. Chaque étude a amené une fondation.

« Notre méthode de travail ? Quand nous avions une œuvre à établir (nous n'avons reculé devant aucune), nous nous documentions de tous côtés et nous réunissions ceux qui étaient intéressés pour étudier avec eux. Notre cercle d'études a fondé : 1° une section du syndicat agricole de Champagne (80 membres) ; 2° une caisse rurale ; 3° une laiterie coopérative (système belge) ; 4° une caisse de prêts gratuits pour l'achat du pain pour les ouvriers ; 5° une caisse de retraite pour la vieillesse. »

Il serait à souhaiter que tous les cercles d'études possédassent bien vite de nombreuses œuvres sociales, aussi florissantes que celles de nos amis d'Araux-le-Château.

Dans le Sud-Est.

Est-il besoin de parler longuement de l'activité du Sud-Est ? Ce Congrès national lui-même que nos amis de la Fédération ont préparé avec tant de soins et de dévouement intelligent n'est-il pas la meilleure preuve de la puissante vitalité de leur organisation ?

Tandis que de jeunes groupements, tels que le *Sillon de Vienne*, ou le *Sillon de l'Ain*, apportent à l'apostolat social une ardeur toute pleine de confiance et de fougue, et que les Alpes et la Provence (1) voient s'établir une nouvelle fédération, Lyon continue avec méthode et sûreté à organiser et à étendre sa fédération régionale des groupes d'études du Sud-Est.

Voici le rapport que nous adressait notre ami Gonin sur le fonctionnement de cette si importante fédération.

FÉDÉRATION RÉGIONALE DES GROUPES D'ÉTUDES DU SUD-EST

But. — La Fédération régionale des Groupes d'études se propose comme but général le développement des œuvres d'éducation populaire dans les villes et les campagnes.

Elle crée des groupes d'études de jeunes gens dans les localités où ces institutions n'existent pas ; elle relie les groupes existants et leur facilite le travail par l'appoint de ses différents *services;* elle fonde et entretient des salles de travail et bibliothèques ; elle organise des Congrès régionaux, des conférences et des concours d'études; elle oriente ses membres vers les œuvres sociales et professionnelles.

Organisation. — La Fédération est organisée en différents *services:*

1° Service des groupes lyonnais, chargé de la préparation des assemblées trimestrielles, des visites scientifiques ou artistiques, des fondations nouvelles et des relations entre différents groupes ;

2° Service des groupes régionaux, chargé d'entretenir des relations avec les groupes et les délégués départementaux, d'organiser les Congrès régionaux;

3° Service des Études et recherches bibliographiques, chargé de l'élaboration des programmes annuels et des concours d'études ;

4° Service de la propagande et des conférences, chargé d'assurer la propagande par les visites d'enquête, les conférences avec ou sans projections, la diffusion des bons journaux, etc. ;

5° Service des finances, chargé de recruter des adhérents, des membres honoraires et des souscriptions.

6° Service des bibliothèques, chargé de faciliter l'abonnement des groupes aux bibliothèques circulantes.

Groupes affiliés. — L'ensemble des Groupes affiliés est réparti à travers tous les départements du Sud-Est.

Lyon tient la tête, avec 22 groupes, dont cinq groupes centraux d'arrondissement possédant leur local indépendant, leur bibliothèque et deux *salles du travail;* un Cercle d'apologétique et un Comité des conférences populaires, recrutés parmi les étudiants, ont leur siège au local central.

(1) La Fédération des Alpes et de Provence est en relation avec les Unions de la Paix sociale, avec la Fédération du Sud-Est, avec le *Sillon*, avec l'A. C. J. F.

Les départements où les groupes sont les plus nombreux sont : le Rhône (en y comptant Lyon) avec 32 groupes, la Loire avec 31 groupes, la Haute-Savoie avec 30 groupes, l'Isère avec 18 groupes. Les autres départements viennent ensuite, avec un effectif variant de 6 à 10 groupes. Au total, la Fédération relie 122 groupes.

Ce chiffre serait plus considérable si, lors de la fondation de la Fédération des Alpes et de Provence en novembre dernier, nous n'avions, d'accord avec nos amis de Marseille, conseillé à nos groupes du Midi de se rattacher au centre régional nouvellement constitué. Actuellement 18 groupes sont directement affiliés à Marseille.

Diverses catégories. — Les groupes de la Fédération se répartissent en deux grandes catégories : les *Groupes de ville* et les *Groupes ruraux.*

La Loire et le Rhône possèdent les groupes de ville les plus vivants : réunions hebdomadaires, études sociales, conférences nombreuses.

A *Saint-Etienne*, il y a une plus grande proportion de membres ouvriers. Les groupes de Montaud et Saint-François-Régis donnent, pendant l'hiver, des séries de conférences sociales qui attirent jusqu'à 300 hommes près de quinze fois durant la saison. A Saint-Chamond, une fédération s'est créée entre les Groupes d'études de la vallée du Gier; les ouvriers de mines métallurgiques en forment le public le plus considérable.

A *Lyon*, moins d'ouvriers et un plus grand nombre d'employés. Les groupes centraux d'arrondissement suivent un programme d'études très sérieux dressé au commencement de chaque saison. On a étudié successivement la propriété, le travail, le régime de l'association professionnelle et la famille ouvrière.

Nîmes a constitué tout récemment une Fédération départementale de cercles d'études. De cette union est né un Institut populaire.

Grenoble débute avec deux groupes dont l'un, celui de Saint-Bruno, organise pendant l'hiver des Concerts-Conférences très suivis.

Roanne possède trois groupes d'études très vivants qui sont le centre de l'Union de la Jeunesse catholique du Roannais.

C'est dans la Haute-Savoie, la Loire (Roannais) et l'Isère que nous comptons le plus grand nombre de groupes ruraux.

Sous l'inspiration de l'Union départementale de la Jeunesse catholique, la Haute-Savoie a constitué dans la plupart de ses sections communales un petit groupe d'études où, après s'être munis des réponses aux objections courantes, les membres étudient les œuvres rurales. Tous nos amis sont unanimes à proclamer que le groupe d'études est aussi bien accessible aux jeunes gens des campagnes qu'aux jeunes gens des villes. C'est affaire de simple adaptation aux éléments locaux.

L'Union du Roannais fonde chaque mois quelque section rurale nouvelle. Ses membres se transportent tour à tour dans les communes voisines et déterminent l'éclosion d'un groupe d'études.

Dans l'Isère, le mouvement est directement mené par la Fédération. Plus de dix cercles ont été fondés cette année dans les communes rurales. Ils prennent tous comme programme l'étude des objections et des questions agricoles.

L'*Ardèche* entre également dans cette voie sous l'impulsion énergique de nos camarades d'Annonay.

Activité des groupes. — L'activité des groupes se manifeste d'abord dans la propagande régionale et dans les œuvres sociales économiques. Des Congrès régionaux importants tenus en différents centres et organisés par les unions locales et par la Fédération ont permis à nos camarades de faire connaître le but et l'organisation des cercles d'études. Parmi les premiers, il faut citer les Congrès de la Haute-Savoie, de Saône-et-Loire et de l'Ardèche où plus de six cents personnes s'étaient rendues. Parmi les seconds, la Côte Saint-André (1.200 personnes), Amplepuis (800 personnes), Voiron, Saint-Chamond, Lyon et Veyrins réunissaient presque exclusivement des jeunes gens attirés par la question des cercles d'études.

Dans le domaine de l'initiative sociale et économique, Lyon s'est distingué par sa participation aux œuvres de mutualité, à la propagande des syndicats agricoles, à la diffusion des jardins ouvriers ; Roanne prête son concours aux écoles, aux mutualités scolaires, à la diffusion de la presse et des tracts; Saint-Étienne a fondé une union professionnelle, Marseille s'occupe activement des douze syndicats indépendants ; la Haute-Savoie partage l'activité de ses groupes entre les Caisses rurales, les Caisses mutuelles d'assurances contre l'Incendie et les Syndicats agricoles.

Propagande directe. — La Fédération a entrepris cette année tout un vaste travail d'enquêtes, de visites et de conférences. Ses équipes ou ses délégués ont visité plus de 300 communes des départements du Sud-Est, fondé une vingtaine de bibliothèques, donné près de cent vingt conférences au dehors.

Dans le Centre.

Le *Sillon Limousin* est né d'un congrès régional tenu en juillet dernier :

L'abbé Desgranges vous a entretenu hier soir des Instituts Populaires de Limoges; il vous a dit les résultats auxquels ils sont arrivés; nous pouvons ajouter qu'ils sont dus, en grande partie, au dévouement des camarades des cercles d'études.

Il y a, d'ailleurs, dans tout le Centre un réveil d'énergies. En Auvergne, les cercles d'études augmentent; il en est de même dans la Vienne. A Angoulême, notre ami Marc Sangnier fit une réunion contradictoire; à Périgueux, Mgr Delamaire organise le *Sillon Périgourdin*.

Dans le Loiret, nos camarades d'Orléans continuent l'organisation d'œuvres économiques. La coopérative de consommation, commencée péniblement il y a trois ans, voit chaque jour augmenter ses adhérents, et nos camarades viennent d'entreprendre la constitution d'une Société d'habitations ouvrières à bon marché. Les réunions publiques se multiplient également.

Dans le Sud-Ouest.

En novembre dernier, Marc Sangnier, inaugurait le *Sillon bordelais*. Il compte actuellement neuf cercles d'études qui entretiennent entre eux des relations d'amitié. Des réunions générales réunissent tous les mois les camarades du *Sillon de la Gironde*, des Congrès trimestriels et des visites de cercles sont organisés. Pour maintenir la vie et entretenir l'émulation, nos camarades vont discuter leurs idées à la Bourse du Travail. Leur tentative de pénétration ne s'arrête pas là; ils multiplient les réunions publiques; ce travail a eu comme premier résultat de détruire bien des préjugés et de créer des liens de réelle camaraderie avec les adversaires, qui ne manquent pas de les inviter à leurs réunions. Tout en répandant la vérité, ils rencontrent des objections qui font le sujet de leurs propres conférences.

Prenant prétexte d'un article paru dans la *Petite Gironde*, qui constatait avec satisfaction la conscience que prend chaque jour le Capital de ses obligations envers le travail, nos amis entreprirent une vigoureuse campagne contre l'odieuse exploitation des ouvrières en confection. Ils invitèrent les ménagères, à ne plus se faire les coopératrices d'une œuvre antisociale; et ils ne se contentèrent pas de signaler cette exploitation, ils en indiquèrent les remèdes. Un syndicat de producteurs sera donc créé très prochainement, et, en attendant, nos amis ont signalé les solutions propres à soustraire l'ouvrière à la cruauté des capitalistes.

D'ailleurs, toute cette région se signale par son activité; les Charentes, Dordogne, Tarn-et-Garonne, etc., groupent de nombreux cercles d'études, mais il nous faut signaler tout particulièrement ceux de Pau. Il y a plus de dix ans que Pau a vu naître son premier cercle d'études; à cette époque, c'était une hardiesse. Aussi bien le cercle d'études ne pût-il surmonter les difficultés qui se présentèrent. Il mourut, mais ne tarda pas à ressusciter.

Une fédération réunit les groupes de Pau : des assemblées régionales ont lieu régulièrement. « Ce qui est particulièrement intéressant dans l'effort de nos camarades, c'est à coup sûr sa spontanéité, la façon en quelque sorte instinctive dont il s'est orienté vers l'action sociale telle que la comprend et la pratique le *Sillon*. Nous n'éprouvons aucune gêne à constater que ce sont eux qui sont venus à nous de leur propre mouvement, et qu'ils ont pour ainsi dire découvert, pour leur propre compte, notre méthode.»

Dans le Sud.

« A Toulouse, terrain encore neuf à l'action sociale, vieille ville où s'opposait presque seul l'élément aristocratique à l'élément socialiste, il semble que se soit produite une conversion en masse à nos idées. » C'est autour du *Sillon toulousain* que se groupent les cercles d'études de cette ville. Il est pourvu des mêmes organes que le Sillon : une revue, l'*Ami des jeunes;* des salles de travail; une Jeune Garde.

Une réunion publique et contradictoire improvisée, en novembre dernier, réunit 1.200 hommes dans la grande salle du Jardin-royal.

En novembre également, sept cents jeunes gens se réunirent à *Mende* dans un Congrès, à la suite duquel fut formée la *Jeunesse lozérienne*, association très vaste qui donna naissance à plusieurs cercles d'études.

Dans certaines communes où cette sorte d'institution ne peut exister, nos camarades ont organisé « des groupes de jeunes gens abonnés au *Sillon* ainsi qu'à certains journaux locaux. Le dimanche, au sortir de la messe, ils se réunissent, lisent ensemble un article, le discutent, s'enhardissent à penser tout haut. Enfin, dans les hameaux isolés, il existe des délégués dont le rôle consiste à répandre les journaux qui défendent nos idées et à recruter les jeunes gens pour les congrès régionaux ». Bientôt un Bulletin régional et une bibliothèque dont les ouvrages circuleront à travers tous les cercles, compléteront cette organisation. Dès à présent, des syndicats agricoles, des mutualités scolaires, des caisses d'assurances contre la mortalité des bestiaux, ont été créés par les cercles d'études.

Voici, mes chers camarades, rapidement esquissée, la physionomie de notre mouvement par régions. Les renseignements qui nous ont permis d'établir ce rapport nous sont parvenus par la *Correspondance trimestrielle.*

Il nous reste un mot à dire des *Sillons de province.* L'œuvre de pénétration exige de l'unité et de la cohésion : quelques camarades ont cru ne pouvoir mieux faire que de développer des centres d'action, de propagande et d'études, uniquement animés de la vie et de l'esprit du *Sillon.*

Nous ne croyons pouvoir mieux leur indiquer la mission qui leur est confiée, qu'en leur répétant, ce qu'écrivait notre ami Marc Sangnier, dans un récent article..... « Au reste, que partout nos *Sillons* demeurent de bonnes et simples maisons, hospitalières à ceux que ne saurait satisfaire la vie factice et fausse, embroussaillée de partis pris et de conventions, d'intrigues et d'égoïsmes coalisés! Qu'ils soient incapables de jamais satisfaire ceux que tourmentent l'ambition, qu'aveuglent les préjugés, n'ouvrant jamais leur porte à ce méchant bagage! Qu'ils restent les douces et imprenables citadelles de la loyauté, de l'amour plus fort que la haine! Qu'ils ne se laissent jamais toucher par ces mains imprudentes et étrangères qui étouffent l'avenir sous leurs funestes étreintes! Qu'ils soient le souple et mystérieux réseau, retenant entre ses mailles serrées et fortes les générations qui montent à la lumière de la vie, pour les libérer, les purifier, les exalter, les unifier, les former à la discipline sublime de l'amour!... Qu'ils soient vaillants et forts et triomphants! Que Dieu les garde! »

***

Les résultats que nous venons d'énumérer sont bien faits pour justifier nos espérances; les cercles d'études se sont multipliés, les ouvriers de la première heure ont fait pénétrer leurs convictions et leur foi dans les milieux adverses; enfin, sur le terrain économique, ils ont apporté le concours de leur bonne volonté désintéressée. C'est véritablement l'œuvre de conquête qui a commencé au cours de cette année. Cette démocratie, en apparence si rebelle au catholicisme, nous a accueilli généreusement, avec quelque surprise, c'est vrai; mais elle a vite reconnu son langage, ses aspirations, et nous avons pu nous rendre compte qu'elle méprisait surtout les catholiques qui l'avaient trompée et ne s'étaient servi des vérités morales et religieuses du christianisme que pour défendre les intérêts politiques et sociaux d'une catégorie de citoyens.

Et ici j'aborde, je le sais, un terrain brûlant sur lequel il ne fait pas toujours bon de s'aventurer. Nous vivons au milieu de malentendus, de haines et de partis pris que les politiciens ont intérêt à maintenir. A gauche, on défend l'ordre capitaliste par l'anticléricalisme ; à droite, hélas ! on se déguise en berger : on parle de liberté et de démocratie pour prendre les masses, alors qu'on rêve l'étranglement des aspirations populaires.

Or, nous devons nous caractériser par notre sincérité, et par ce mot, je n'entends pas seulement parler de cette attitude qui consiste à ne pas promettre ce que l'on ne peut pas tenir, à ne pas parler contre sa pensée, mais de celle qui consiste à mettre sa vie en accord avec ses idées. La justice n'est le privilège d'aucune classe et nous devons souffrir de tout acte lui portant atteinte.

C'est l'esprit qui doit animer les membres des cercles d'études s'ils veulent faire œuvre durable et féconde.

Ce que nous devons acquérir dans nos petits foyers de travail, c'est un état d'esprit, bien plutôt que des connaissances profondes sur les questions sociales. Sans doute, il est intéressant de savoir ce qu'il faut faire, mais combien plus encore de savoir comment il faut faire.

Développer l'esprit de dévouement, d'abnégation, de sacrifice, apprendre à vivre intégralement le catholicisme, voilà la tâche du cercle d'études, voilà l'œuvre première. Vous aurez beau connaître les réformes qui s'imposent, en avoir étudié les conséquences, vous n'aurez rien fait si vous n'êtes capables de susciter autour de vous des énergies, de déterminer des bonnes volontés.

Ce qui nous fait défaut ce ne sont pas des médecins, ce sont des gens pour appliquer les remèdes. Regardez donc autour de vous, les coopératives, les syndicats socialistes : que leur a-t-il manqué pour s'épanouir ? précisément ces vertus démocratiques dont nous parlions il n'y a qu'un instant.

De ce que nous venons de constater découle, nous semble-t-il, toute une méthode de travail pour les cercles d'études.

Il ne s'agit pas de supprimer l'étude ni de transformer les cercles en confréries, mais d'éviter les écueils qui se présentent. Ne nous imaginons pas que quelques soirées de réflexion, de travail donneront la solution des problèmes qui agitent la conscience de nos contemporains. Que de camarades ont facilement ce préjugé ; ils croient volontiers qu'après avoir entendu une ou deux conférences sur le mouvement syndical, ils connaissent suffisamment la question pour en parler avec compétence. Evitons donc de justifier ce reproche que les adversaires du mouvement d'éducation populaire se plaisent à répéter : les cercles d'études préparent des demi-savants. Un semblable état d'esprit paralyserait toute action.

N'essayons pas, non plus, de vouloir imposer à la vie des cadres rigides et artificiels ; beaucoup trop de nos amis se figurent que, pour être démocrate, il faut forcément préférer tel détail d'organisation sociale à tel autre. Qui ne voit dans cette mentalité le germe d'un esprit réactionnaire, car les institutions humaines ne sont point éternelles ; ce qui apparait aujourd'hui comme nécessaire peut être considéré demain comme nuisible ou seulement inefficace.

Enfin il est un autre écueil : ne croyons pas que nous allons pouvoir construire en quelques années et de toute pièce une société nouvelle. Comme si l'humanité n'était pas constamment en marche vers la justice ! Comme si une génération était capable de la mener vers ses fins ! Rendons-nous compte que nous ne sommes qu'un moment de la démocratie et essayons de préciser chaque jour l'effort que nous avons à accomplir.

En agissant ainsi, mes chers Camarades, nous ferons œuvre utile et nous n'userons pas nos énergies en de vaines tentatives.

Mais le travail que nous proposons est humble et difficile : aussi bien le cercle d'études ne s'adresse-t-il qu'à une élite, et nous ne disons pas seulement élite intellectuelle, mais élite morale, capable de tous les sacrifices qu'exige la situation présente.

Et voici que le rôle de nos modestes groupements se précise. Orienter nos camarades vers l'amour et la pratique des vertus démocratiques, développer la vie intérieure sans laquelle l'action n'est que de l'agitation, développer le sens social, l'esprit de solidarité, faire pressentir les réalités de demain : telle sera la tâche du cercle d'études.

...Et, dès lors, comme tout se simplifie : il ne peut plus être question de déclasser nos camarades, de faire d'eux des demi-savants ; ils apparaissent, au contraire, comme les bons et sûrs ouvriers du labeur démocratique : il ne peut s'agir davantage de les mêler au travail politique, de les fédérer à des associations de défense et de conservation sociales, de porter leur dévouement sur un autre terrain.

Fortifiés par ce Congrès, vous rentrerez dans vos provinces, plus conscients du travail qui s'impose à vous, plus décidés à consacrer toutes vos forces au relèvement moral et social de la France.

Louis Meyer.

Paris. — Imprimerie F. Levé, rue Cassette, 17.

www.ingramcontent.com/pod-product-compliance
Lightning Source LLC
LaVergne TN
LVHW020514230826
846091LV00008BA/3484

* 9 7 8 2 0 1 3 5 8 0 1 6 8 *